Tiere als Hausgenossen

von Dr. Erwin Eigner
gezeichnet von
Ina und Walter Etschmann

Hausgenossen suchen freiwillig die Nähe des Menschen, wie der Haussperling und die Dorfschwalbe. Andere Hausgenossen holte der Mensch zu sich, um sich an ihnen zu erfreuen. Diese Tiere stammen aus nahen und fernen Ländern, wie die Schildkröte, der Goldhamster oder das Meerschweinchen.

Siebert Verlag

Goldhamster
Diesen Nager gibt es erst seit 1930 bei uns. Er stammt aus Syrien. Futter und Nistmaterial sammelt er in Backentaschen, die oft weit abstehen. Ab und zu mag dieser Pflanzenfresser einen Happen Hackfleisch.

Haussperling
Den „frechen Spatz“ mögen alle gern. Auswanderer holten ihn sogar nach Amerika und Australien. Das Männchen erkennt man an der schwarzen Kehle.

Meerschweinchen
Schon die Indianer Südamerikas züchteten diese Nager. Sie waren einfarbig, gescheckt, glatt- und kraushaarig wie heute. Sie kamen über das Meer nach Europa. Deshalb nannte man sie Meerschweinchen.

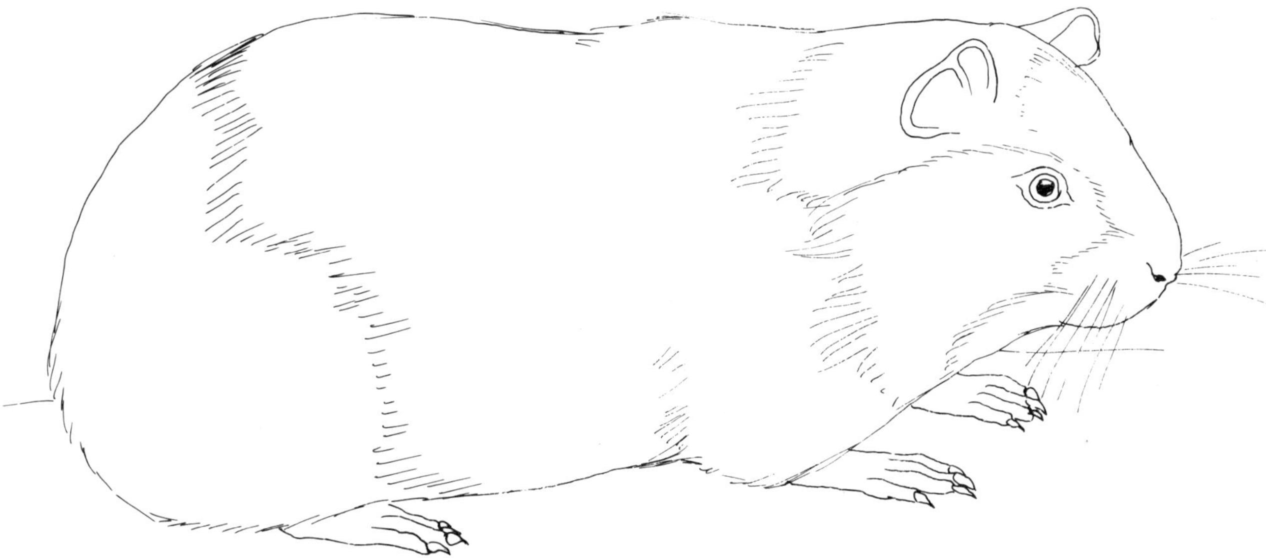

Pfau
Aus den Dschungeln Südasiens führte der Mensch den Pfau ein. In Hochzeitslaune „schlägt" er ein Ra
Die auffallende Zeichnung der Schwanzfeder nennt man „Pfauenauge".

Papagei
Kreuzritter und Seeleute brachten diesen bunten Vogel aus heißen Ländern mit. Er kann Sprechen lernen. So ist er ein unterhaltsamer und lustiger Stubengenosse.

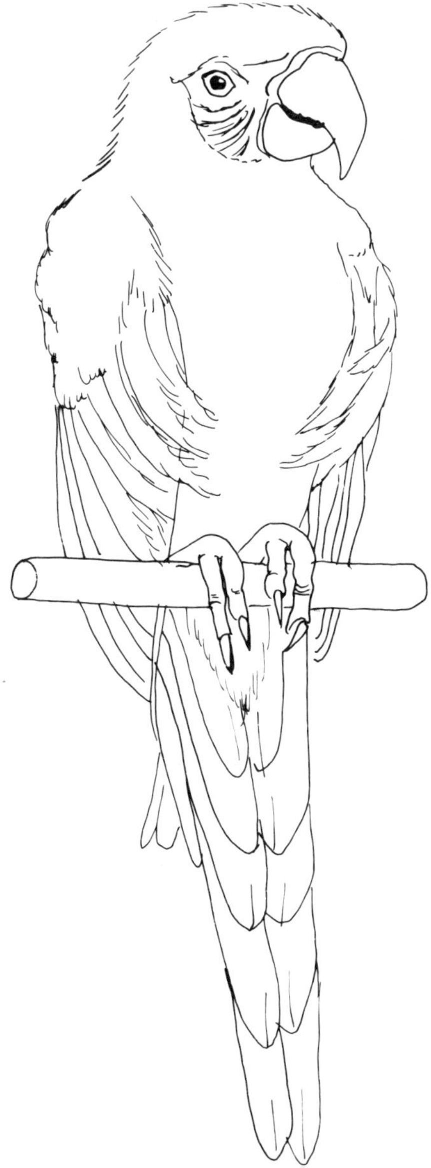

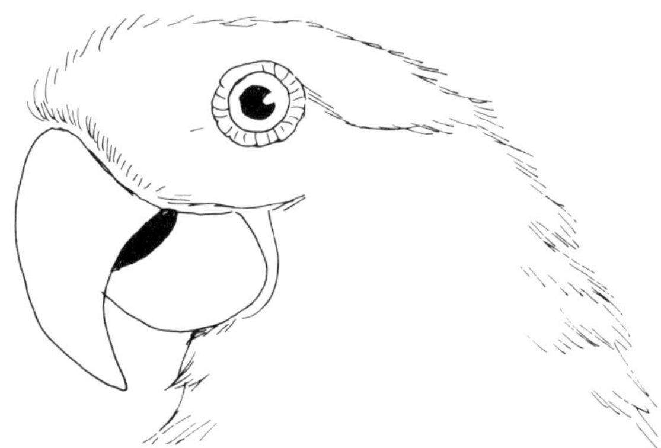

Zwerghase

Zu den Nagern gehört auch der Zwerghase.
Der kleinere Verwandte des Stallhasen hat viele
Freunde unter den Stadtkindern.

Schildkröte
Schildkröten tragen ein gepanzertes Haus mit sich. Wie es innen aussieht, zeigt das Bild. Landschildkröten haben hoch gewölbte (unten), Wasserschildkröten flach gewölbte Panzer (unten).

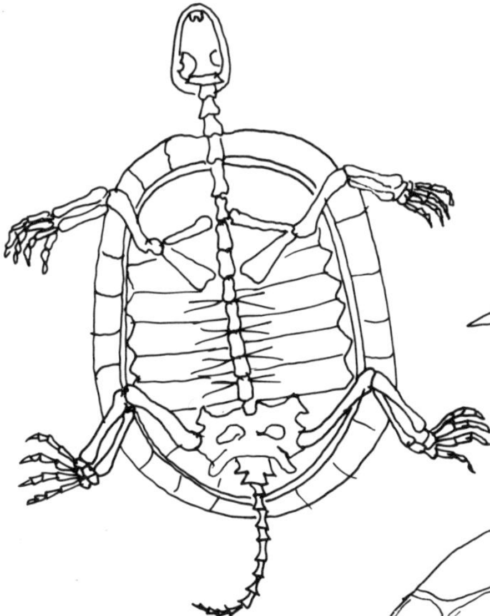
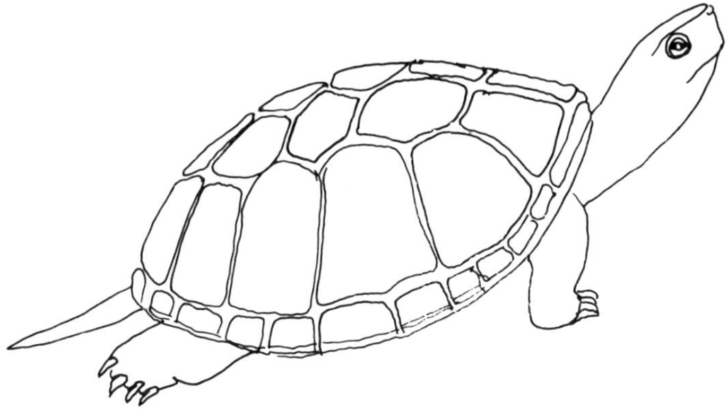

Dorfschwalbe
In den Häusern der Dörfer und Vorstädte brütet die Dorfschwalbe. Oft nistete sie an den Rauchabzügen alter Häuser. Deshalb nennt man sie auch Rauchschwalbe. Wo baute sie ihr Nest, als die Menschen noch in Höhlen wohnten? Niemand weiß es.

Zierfische
Aus den Flüssen fremder Länder holt man sie in die Aquarien. Von oben nach unten siehst du: Zebra-Bärbling, Scalar, Schwertfisch und Prachtbarbe.

Weißt du über Hausgenossen Bescheid?

1. Was versteht man unter Hausgenossen?
2. Welche Hausgenossen suche freiwillig die Nähe des Menschen?
3. Welche Hausgenossen gehören zu den Nagern? Aus welchen Ländern kommen sie?
4. Wie sieht das Fell des Meerschweinchens aus?
5. Wie unterscheidet man Land- und Wasserschildkröten?
6. Wie sieht ein Papageienschnabel aus?
7. Welche Vorfahren hat der Zwerghase?
8. Woran erkennt man den Sperlingsmann?
9. Nenne die auffallendsten Merkmale der Rauschschwalbe.
10. Wo leben die Dorfschwalben?
11. Wann schlägt der Pfau ein Rad?
12. Was ist ein „Pfauenauge“?
13. Welche Zierfische kennst du?

Antworten

1. Tiere, die freiwillig die Nähe des Menschen suchen, und Tiere, die der Mensch zu sich holte.
2. Haussperling, Dorfschwalbe.
3. Goldhamster (Syrien), Meerschweinchen (Südamerika), Zwerghase (einheimisch).
4. Einfarbig, gescheckt, glatt- oder kraushaarig.
5. Landschildkröten haben hoch gewölbte, Wasserschildkröten flach gewölbte Panzer.
6. Hakenförmig gebogener Oberschnabel und kurzer, starker Unterschnabel.
7. Die Stallhasen; diese stammen vom Wildkaninchen ab.
8. Am schwarzen Kehlfleck.
9. Rostroter Kehlfleck, gegabelter Schwanz.
10. In Dörfern und Vorstädten.
11. Wenn er in Hochzeitsstimmung ist.
12. Zeichnung der Schwanzfedern beim Pfau.
13. Zebra-Bärbling, Scalar, Schwertfisch, Prachtbarbe.